FORTIFICATIONS
DE PARIS.

EXAMEN D'UN ARTICLE,

PUBLIÉ PAR

M. LE LIEUTENANT-GÉNÉRAL BARON DE VALAZÉ,

DANS LA 85ᵉ LIVRAISON DU SPECTATEUR MILITAIRE (avril 1833),

AYANT POUR TITRE :

DU SYSTÈME A SUIVRE

POUR METTRE CETTE CAPITALE EN ÉTAT DE DÉFENSE.

A PARIS,

CHEZ ANSELIN, SUCCESSEUR DE MAGIMEL,

LIBRAIRE POUR L'ART MILITAIRE,

RUE DAUPHINE, Nº 9.

(AVRIL 1833).

EXAMEN D'UN ARTICLE

SUR LES

FORTIFICATIONS

DE PARIS.

IMPRIMERIE DE FIRMIN DIDOT FRÈRES,

RUE JACOB, N° 24.

FORTIFICATIONS

DE PARIS.

EXAMEN D'UN ARTICLE,

PUBLIÉ PAR

M. LE LIEUTENANT-GÉNÉRAL BARON DE VALAZÉ,

DANS LA 85ᵉ LIVRAISON DU SPECTATEUR MILITAIRE (avril 1833),

AYANT POUR TITRE :

DU SYSTÈME A SUIVRE

POUR METTRE CETTE CAPITALE EN ÉTAT DE DÉFENSE.

A PARIS,

Chez ANSELIN, Successeur de MAGIMEL,

LIBRAIRE POUR L'ART MILITAIRE,

RUE DAUPHINE, Nᵒ 9.

(AVRIL 1833).

FORTIFICATIONS

DE PARIS.

EXAMEN D'UN ARTICLE,

PUBLIÉ PAR

M. LE LIEUTENANT-GÉNÉRAL BARON DE VALAZÉ,
DANS LA 85ᵉ LIVRAISON DU SPECTATEUR MILITAIRE (avril 1833),

AYANT POUR TITRE :

DU SYSTÈME A SUIVRE

POUR METTRE CETTE CAPITALE EN ÉTAT DE DÉFENSE.

Il existe une grave dissidence, parmi les militaires, sur le système de fortifications permanentes qu'il convient d'exécuter à Paris. Les uns appuient le projet du gouvernement, qui consiste à préparer autour de cette capitale un vaste camp retranché, basé sur des forts permanents, qui occuperont les positions principales, et sur une enceinte de sûreté en arrière. D'autres préfèrent une enceinte bastionnée, continue, qui envelopperait immédiatement toute la ville.

L'article spécial sur cette grande question, que contient le dernier numéro du *Spectateur militaire*, présentant la discussion la plus complète qui ait paru jusqu'à ce jour en faveur du système d'une enceinte continue, on a pensé qu'un examen détaillé de cet article ne serait pas, dans ce moment, sans utilité. Il eût été désirable, pour plus de clarté, de pouvoir mettre ici un résumé des divers paragraphes de l'article, en regard des observations auxquelles leur examen a donné lieu. Mais de peur d'en altérer ou atténuer involontairement la valeur, on s'est borné seulement à indiquer ces paragraphes, en priant les personnes qui voudront approfondir la discussion, d'avoir l'article même sous les yeux, et de le suivre parallèlement avec les diverses observations.

PAGE 2. L'objet qu'on doit se proposer en fortifiant
Paris, etc.

On dit, au commencement de l'article que nous examinons :

« Les fortifications de Paris doivent garantir cette
« ville contre toute attaque faite avec des moyens de
« campagne, de façon que nos armées, chargées de
« défendre la frontière, n'étant pas obligées de se con-
« centrer sur la capitale, puissent manœuvrer à vo-
« lonté sur les flancs et les derrières de l'ennemi.
« Enfin elles doivent empêcher que dans aucun cas
« le sort de Paris ne soit livré aux hasards d'une ba-
« taille. »

Quelque spécieuse que cette proposition puisse

paraître au premier coup d'œil, il eût été utile, puisqu'on la considère comme la base du système de fortifications à établir, de la développer, et d'en faire ressortir les motifs. Mais on se borne à l'énoncer, en renvoyant simplement à divers ouvrages. Cela suffirait peut-être pour appuyer une opinion sur un sujet de faible intérêt. Mais sur une question importante, on recherche ordinairement d'autres moyens de conviction. Les citations d'ailleurs peuvent ne pas sembler assez concluantes. Par exemple, en recourant aux pages qu'on a indiquées des mémoires attribués à Napoléon, par le docteur O'Méara, il est permis de ne pas y reconnaître l'opinion ci-dessus énoncée. Tout à l'heure, au contraire, nous serons amenés à citer d'autres passages de mémoires non moins authentiques de Napoléon, qui autorisent à lui attribuer un avis différent.

L'objet qu'on se propose en fortifiant Paris, paraît être envisagé par les militaires partisans du camp retranché, et par ceux partisans de l'enceinte continue, sous deux points de vue différents. Les premiers sont dominés par l'idée que Paris est, de tout le pays, le point le plus important à défendre; que le pouvoir national ne pouvant avoir son siége sur aucun autre point, ce sera, lors d'une guerre malheureuse, le point de concentration des armées défensives et des renforts, que les troupes y trouveront toujours des ressources immenses pour se ravitailler, se réorganiser; que Paris, enfin, qui impose ses destinées à la France par la puissance de l'opinion, doit en retour fournir le levier de notre indépendance, et par conséquent être constitué matériellement de manière que tout Français puisse y trouver un moyen de concourir à la défense nationale. Dans cette pensée, ils demandent un vaste camp retranché, présentant d'ailleurs, relativement à l'ensemble des opérations de la guerre défensive, les propriétés convenables.

Les partisans de l'enceinte continue penseraient différemment. Selon eux, la concentration de nos armées défaites n'aurait pas lieu nécessairement sur Paris : elles pourraient rester sur les frontières, ou se diriger dans l'intérieur, ou manœuvrer sur les flancs et sur les derrières de l'ennemi, sans crainte de s'isoler de Paris, pourvu que Paris pût tenir quelque temps. Dans ce but, ils préféreraient une enceinte bastionnée, bien revêtue, comme formant un obstacle matériel, que l'ennemi ne pourrait surmonter que par un siége.

Il est difficile de se prononcer entre ces deux opinions, avant d'être entré dans quelques détails sur les systèmes de défense qui se rapportent à chacune d'elles.

Page 3. L'enceinte continue, analogue à celle qui est indiquée par Vauban dans ses mémoires, etc.

Depuis cent trente ans que Vauban eut la pensée de fortifier Paris, les conditions du problème ont certainement changé, par suite des progrès dans notre organisation sociale, dans la politique réciproque des nations, et dans l'art de la guerre. Mais l'opinion de ce grand ingénieur formant toujours aux yeux des hommes de l'art une autorité imposante, on doit faire observer que le projet dont il a laissé l'indication dans ses *Oisivetés*, diffère sensiblement de celui qu'on produit de nos jours, comme lui étant emprunté. Le projet de Vauban comprend en effet deux enceintes concentriques, l'une tracée autour de la ville d'alors, l'autre à mille ou douze cents toises en avant. Celle-ci avait pour objet, selon Vauban, 1° de tenir au moins à trois quarts de lieue de distance les batteries incendiaires de l'ennemi, attendu que « il n'y a point de ville en Europe, dit-il, ni peut-« être dans le monde, où l'effet des bombes soit plus « à craindre qu'à Paris, toutes les fois que l'ennemi se « pourra mettre à portée d'y en jeter »; 2° de recevoir « dans l'entre-deux des enceintes les troupes « chargées de la défense, sans toucher à la garde « ordinaire des bourgeois, qui ne laisserait pas d'aller « son train »; 3° de faciliter aux principaux habitants des moindres villes et de la campagne à 50 lieues à la ronde le moyen d'y réfugier ce qu'ils auraient de meilleur. Le projet d'enceinte continue que l'on présente aujourd'hui, quoique tracée en tête des faubourgs extérieurs, ne satisfait point à ces conditions, ni surtout à la première, qui est de mettre Paris à l'abri du bombardement. Le système du camp retranché, fondé sur une ceinture de forts situés à près d'une demi-lieue du mur d'octroi, paraît au contraire les remplir, et, sous ce rapport, se rapprocher plus des vues de Vauban que le système contraire.

Page 4. L'autre système consisterait en une ligne de
forts, etc.

Dans la description, que présente ce paragraphe,
du disposif qui constitue le système du camp retranché, on remarque quelques omissions ou inexactitu-
des, que les détails suivants ont pour objet de rectifier.

1° Les forts permanents, au nombre de seize (y
compris Vincennes) qui formeront la base fondamentale du camp retranché, occuperont les points suivants :

Charenton.	La Chapelle.	Javelle.
Vincennes.	Clichy.	Vanvres.
Lépine.	Villiers.	Montrouge.
Les Tourelles.	Passy.	Plateau de l'obser-
Butte-Chaumont.	Auteuil.	vatoire.
La Villette.		Route d'Italie.

2° Ces forts seront la plupart à environ 2000 mètres en avant du mur d'octroi, afin que l'ennemi ne
puisse établir des batteries incendiaires à portée de
la ville. Leur espacement sera aussi, terme moyen,
d'environ 2000 mètres, ce qui soumettra toute l'étendue des intervalles aux feux de leur nombreuse artillerie. Plusieurs de ces intervalles se trouvent d'ailleurs
déja renforcés par des obstacles naturels permanents,
tels que la Seine et le canal St.-Denis, ce dernier
pouvant être, par des moyens faciles, alimenté constamment des eaux nécessaires. Les autres intervalles,
réduits au nombre de cinq sur chaque rive, ne lais-
seront, terme moyen, que des ouvertures de 1800 m.

3° Chaque fort sera constitué de manière à ne

pouvoir être pris qu'au moyen d'un siége en règle. Ils seront tous munis d'un grand nombre de casemates, qui serviront d'abris pour la garnison de défense, et de magasins de munitions pour les troupes réunies sur les points environnants. Les bâtiments proprement dits, qui en eussent encombré l'intérieur, et eussent été difficilement soustraits aux effets destructeurs de l'artillerie ennemie, y seront par-là même inutiles.

4° Sous l'appui des forts permanents, seront occupées, mais au moment de la guerre seulement, et par des ouvrages de fortification passagère, des positions plus avancées, qui étendront le camp retranché sur environ quinze lieues carrées de superficie, et quinze lieues de pourtour, et qui rendront par conséquent son investissement à peu près impossible, même par des armées très-nombreuses, car l'ennemi n'aurait pas à le développer sur un circuit moindre que 16 à 18 lieues.

Les intervalles des forts seront aussi organisés défensivement, en profitant des murs de clôture, des maisons, haies, etc. Dans les faubourgs, on ne manquera pas de créneler les maisons de la tête, de former des barricades et des abattis, d'enfiler les rues par des batteries, précautions simples et faciles à réaliser promptement· Une foule d'exemples attestent de quelle résistance extrême sont susceptibles des villages, même de simples maisons, ainsi disposées pour la défense. Les exemples contraires forment de rares exceptions.

5° Les positions avancées formant une première

ligne de défense , et les forts permanents une deuxième ligne , une troisième ligne sera formée en arrière par le mur d'octroi organisé d'une manière permanente en enceinte de sûreté. Ce mur offre aujourd'hui la hauteur moyenne de 4 mètres, sur une épaisseur de 6o centimètres. Il sera facile de le porter à la hauteur uniforme de 6 mètres, de le fortifier contre le canon de campagne, par un répaississement intérieur, d'y pratiquer des créneaux pour des feux de mousqueterie, et de construire de distance en distance de petites tours bastionnées, afin de flanquer le mur par la mitraille. Ces améliorations peu coûteuses, auxquelles on joindrait, en cas de guerre, des fossés en partie pleins d'eau, et des abattis formés avec les arbres du boulevard extérieur, feront du mur d'octroi une bonne enceinte de sûreté, susceptible de résister à toute attaque soudaine avec des moyens de campagne.

Les maisons qui bordent le boulevard, à l'opposé du mur d'enceinte, et qui *dominent* celui-ci, quelquefois de plusieurs étages, n'empêcheront pas que l'on ne puisse être *défilé*, même des mansardes, jusque dans le chemin de rondes intérieur. Quant aux montagnes de Belleville et de Montmartre, qui dominent aussi l'enceinte, elles forment d'excellentes positions, que la garde nationale, à l'aide de quelques travaux de campagne, conservera contre les attaques les plus sérieuses, et qui, déja précédées des forts, pourraient même dispenser de précautions défensives en arrière. Il n'est pas probable que l'ennemi choisisse ces points pour tenter une trouée sur l'enceinte.

PAGE 6. *Une ceinture de forts autour de Paris, ne formant, etc.*

Sans trop nous arrêter à des calculs théoriques, qui seraient contestables, sur les forces nécessaires à la défense des camps retranchés, nous pouvons passer à l'exemple qu'on cite, du camp retranché de Lisbonne, en 1810. Ce camp était formé par deux lignes d'ouvrages qui s'étendaient de la rive droite du Tage à la mer. La première ligne présentait un front de dix lieues; la seconde, plus fortement constituée, un front de sept à huit lieues. En arrière était Lisbonne, qu'on ne jugea pas nécessaire de fortifier; seulement on y construisit des barrières et des traverses, aux principales issues. La défense de ces ouvrages exigeait, d'après le calcul des ingénieurs anglais, à peu près trente mille hommes de milice, outre l'armée, qui comptait vingt-deux mille hommes d'infanterie anglaise, et un peu moins d'infanterie portugaise de nouvelle levée. Ces dispositions sont analogues à celles qui seraient prises, tout aussi facilement, sous le rapport des positions et du nombre des troupes, pour la défense du camp retranché de Paris. Elles ne prouveraient donc contre ce système qu'autant qu'elles auraient manqué leur but. Or on sait le contraire. Aussi, comme l'observe M. le général Mathieu Dumas dans un écrit, publié récemment, sur les fortifications de Paris : « L'exemple des lignes de Torres-Vedras, pour

« la défense de la position de Lisbonne, est tout en
« faveur du système des forts détachés (1). »

PAGE 7. Voici ce que Napoléon a écrit relativement
aux fortifications de Paris, etc.

On a vu tout à l'heure que l'on ne pouvait guère
reconnaître dans le projet actuel d'enceinte continue,
les bases de l'ancien projet de Vauban, ni en espérer
les mêmes résultats. Voyons si ce projet répond mieux
aux idées de Napoléon.

Napoléon a traité, en thèse générale, la question
de la défense des capitales, et en outre la question
spéciale de la défense de Paris (2). Sur la première
question, il s'exprime ainsi :

« Mais faut-il défendre une capitale en la couvrant
« directement, ou en s'enfermant dans un camp re-
« tranché sur les derrières? Le premier parti est le plus
« sûr : il permet de défendre le passage des rivières, les
« défilés; de se créer même des positions de campagne,
« de se renforcer de toutes ses troupes de l'intérieur,
« dans le temps que l'ennemi s'affaiblit insensible-
« ment. ».........................

« Il reste un troisième parti, celui de manœuvrer

---

(1) Observations sur les fortifications de Paris. Avril 1833, par
le général Mathieu Dumas, pair de France, ancien membre de
la commission de défense du royaume.

(2) Mémoires de Napoléon; par le général Montholon,
tome 1er, page 288, et tome 2, page 294.

« sans se laisser acculer à la capitale que l'on veut
« défendre, ni renfermer dans un camp retranché sur
« les derrières; il faut pour cela une bonne armée,
« de bons généraux et un bon chef. En général, l'idée
« de couvrir une capitale ou un point quelconque, par
« des marches de flanc, comporte avec elle la néces-
« sité d'un détachement, et les inconvénients atta-
« chés à toute dissémination devant une armée supé-
« rieure. »

Voici maintenant comment Napoléon comprenait
la défense spéciale de Paris.

« Dans le courant de mai, lorsque la France fut
« ralliée, mais qu'il n'était plus possible de conserver
« la paix, Napoléon médita sur le plan de campagne
« qu'il avait à suivre. Il s'en présentait plusieurs : le
« premier, de rester sur la défensive, laissant les alliés
« prendre sur eux tout l'odieux de l'agression, et s'en-
« gager dans nos places fortes, pénétrer sous Paris et
« Lyon, et là, commencer, sur ces deux bases, une
« guerre vive et décisive. Ce projet avait bien des
« avantages : 1° les alliés ne pouvaient être prêts à en-
« trer en campagne que le 15 juillet, ils n'arriveraient
« devant Paris et Lyon que le 15 août; les 1er, 2e, 3e,
« 4e, 5e, 6e corps, les quatre corps de grosse cavalerie
« et la garde, se concentreraient sous Paris; ces corps
« avaient, au 15 juin, 140,000 hommes sous les
« armes; le 15 août ils en auraient eu 240,000. Le
« 1er corps d'observation et le 7e corps se concentre-
« raient sous Lyon; ils avaient, au 15 juin, 25,000

« hommes sous les armes ; ils en auraient eu, au 15
« août, 60,000 ; 2° les fortifications de Paris et de
« Lyon seraient terminées et perfectionnées au 15
« août ; 3° à cette époque, l'on aurait eu le temps de
« compléter l'organisation et l'armement des forces
« destinées à la défense de Paris et de Lyon, de
« porter la garde nationale de Paris à 60,000 hommes.
« Les bataillons de tirailleurs, ayant des officiers de
« la ligne, seraient d'un bon service, ce qui, joint à
« 6,000 canonniers de la ligne, de la marine, de la
« garde nationale, et à 40,000 hommes des dépôts de
« 70 régiments d'infanterie et de la garde, non habil-
« lés, appartenant aux corps de l'armée sous Paris,
« porterait à 100,000 hommes la force destinée à la
« garde du *camp retranché de Paris*. A Lyon, la
« garnison se composerait de 4,000 gardes nationaux,
« 12,000 tirailleurs, 2,000 canonniers, et 7,000 hom-
« mes des dépôts des 11 régiments d'infanterie de
« l'armée sous Lyon ; 25,000 hommes ; 4° les armées
« ennemies qui pénétreraient sur Paris par le nord et
« par l'est, seraient obligées de laisser 150,000 hom-
« mes devant les 42 places fortes de ces deux fron-
« tières. En évaluant à 600,000 hommes la force de
« ces armées ennemies, elles seraient réduites à
« 450,000 hommes à leur arrivée devant Paris. Les
« armées qui pénétreraient sur Lyon, seraient obligées
« d'observer les dix places de la frontière du Jura et
« des Alpes ; en supposant la force des alliés sur ce
« point à 150,000 hommes, il en arriverait à peine
« 100,000 devant Lyon ; 5° cependant la crise natio-

« nale, arrivée à son comble, porterait une grande
« énergie en Normandie, en Bretagne, en Auvergne,
« en Berri, etc. De nombreux bataillons arriveraient
« tous les jours sous Paris. Tout irait en augmentant
« du côté de la France, en diminuant du côté des
« alliés ; 6° 240,000 hommes dans les mains de
« Napoléon, manœuvrant sur les deux rives de la
« Seine et de la Marne, *sous la protection du*
« *vaste camp retranché de Paris, gardé par plus*
« *de 100,000 hommes de troupes non mobiles,*
« *sortiraient vainqueurs de 450,000 ennemis.*
« 60,000 hommes, commandés par le maréchal Suchet,
« manœuvrant sur les deux rives du Rhône et de la
« Saône, sous la protection de Lyon, gardé par
« 25,000 hommes non mobiles, viendraient à bout
« de l'armée ennemie. La cause sainte de la patrie
« triompherait. »

Ainsi donc, en thèse générale, Napoléon conseille
de défendre une capitale, en se repliant dessus avec
l'armée défensive ; il n'admet point qu'on cherche
à s'établir sur les dérrières de l'ennemi, ni qu'on
manœuvre de flanc, à moins, pour ce dernier cas
seulement, de circonstances rares (1). Ensuite, relativement à Paris, il aurait voulu, en 1815, y posséder
un camp retranché. Or, c'est *un camp retranché*

----

(1) Dans les mémoires recueillis par O'Méara, Napoléon con-
firme ces maximes, en citant les exemples de Vienne, en 1805,
de Berlin en 1806, de Madrid, en 1808.

qne le gouvernement se propose aujourd'hui de préparer d'avance, en occupant les positions principales
par des forts permanents. Ce projet doit donc paraître conforme aux vues de Napoléon, quant au
mode soit de fortification, soit de défense générale
du pays. A l'égard d'une enceinte bastionnée continue autour de Paris, il ne paraît pas que Napoléon
l'ait préférée au camp retranché qu'il a mentionné
spécialement.

Les partisans de l'enceinte continue annoncent
aussi que ce système est appuyé par un grand nombre de militaires distingués. Cependant M. le général Mathieu Dumas nous fait connaître, dans l'écrit
cité plus haut, les faits suivants :

« La commission de défense formée en 1818 par
« le maréchal Saint-Cyr, et composée des lieutenants-
« généraux Marescot, président, Andréossy, Mathieu
« Dumas, Valée, Ruty, Guilleminot, Chambarliac,
« Maureillan, Dode, et des maréchaux-de-camp
« Saint-Cyr-Nugues et Pelet, a émis, le 18 juillet
« 1820, l'opinion suivante :

« La commission reconnaît (à une grande majorité)
« la nécessité de mettre Paris en état de défense, sans
« admettre cependant que cette ville doive être dé-
« fendue comme une place ordinaire, renfermée dans
« une enceinte continue.

« Elle est d'avis que Paris doit être couvert par des
« ouvrages détachés, établis sur quelques-uns des
« points qui l'environnent, lesquels, combinés avec
« l'enceinte continue déja existante, et que l'on pour-

« rait renforcer, au moment de la guerre, par des
« constructions passagères, puissent suffire à mettre
« cette capitale en sûreté et à l'abri d'un bombarde-
« ment avec le plus petit nombre de troupes possi-
« ble, et servir au besoin de points d'appui à l'ar-
« mée qui se serait repliée sous ses murs.

« Le comité du génie, à l'unanimité moins une
« voix, s'est exprimé, le 25 octobre 1832, comme
« il suit :

« Le comité, après avoir entendu les deux mémoi-
« res, discuté les arguments respectifs, et mis en
« comparaison les deux projets exposés et dessinés,
« s'en référant à ses anciens avis, et réservant pour
« un autre avis toute discussion de détail ou propo-
« sition de modifications, afin de se borner à la ques-
« tion de préférence qui lui est déférée,

« Déclare :

« Que sa préférence se porte sur le dispositif de
« forts détachés avec le mur d'octroi actuel, conso-
« lidé, rectifié, et pourvu de moyens de défense, afin
« de former une enceinte de sûreté. »

Ces diverses citations autoriseraient en quelque
sorte à induire que les partisans de l'enceinte continue
sont probablement dans l'illusion, s'ils attribuent à
ce système les suffrages les plus imposants ou les
plus nombreux, et que ceux-ci, au contraire, sont
en majorité en faveur du camp retranché.

PAGE 8. Avec une ceinture de forts, on ne pourrait
songer à abandonner Paris, etc.

Nous venons de reconnaître que Napoléon lui-
même conseillait de régler, en général, la marche de
l'armée défensive, sur le point de vue de la défense
de Paris. Essayons de décrire le dispositif même de
cette défense, à l'aide du camp retranché.

D'abord, dans l'hypothèse où l'armée fait sa re-
traite sur Paris, nous trouvons, sous l'appui des forts
permanents et des autres retranchements improvisés,
des positions formidables, où le soldat reprend haleine.
L'ennemi est tenu en échec; et tandis qu'il se prépare,
par une grande réunion de forces et de munitions,
à livrer une nouvelle bataille, nos troupes gagnent
en nombre et en confiance. L'armée de ligne est
ravitaillée, et renforcée de tous les éléments d'organisation que renferme Paris. Elle puise de nouveaux
ressorts dans l'élan général que ranime sa présence,
et dans cette grande pensée, que le salut du pays est
remis spécialement à ses efforts. Son rôle est d'oc-
cuper les positions avancées du camp retranché, et
de faire face partout où l'ennemi présente ses masses,
sauf à se retirer sur la seconde ligne, où elle sera invariablement appuyée aux forts permanents, si elle
ne peut garder les positions avancées. Dans ses diffé-
rentes manœuvres, elle n'a toujours à parcourir que des
distances plus courtes que l'ennemi, et par des chemins plus faciles; ainsi elle ne saurait être surprise

sur aucun point. L'armée civique, innombrable, car elle reçoit toute la jeunesse de Paris, de la banlieue et des départements voisins, et tous ceux qu'un brûlant patriotisme arrache à leurs foyers, occupe les parties du camp retranché devant lesquelles l'ennemi n'a que des troupes en observation. Elle maintient ces troupes à grande distance, facilite les communications avec les départements, et assure l'arrivage habituel des denrées. La garde sédentaire enfin, se développe sur l'enceinte de sûreté, et protége l'ordre à l'intérieur de Paris. Par sa contenance, et la régularité de son service, qui ne se ressentent en rien du tumulte des camps, elle rassure les timides, paralyse la turbulence des factions, et déjoue toutes les trames des émissaires de l'ennemi.

Dans le cas où l'armée défensive, fortement constituée et bonne manœuvrière, pourra tenter d'agir sur les flancs de l'armée envahissante, en laissant par conséquent à celle-ci la faculté de former un détachement sur Paris, les troupes nationales rassemblées sur ce point, et que l'on s'accorde à porter au moins à soixante mille hommes, disputent les positions avancées du camp retranché, et donnent à des renforts le temps d'accourir; ou bien, elles se concentrent sur la ligne des forts permanents. Elles occupent ces forts, ainsi que les retranchements intermédiaires préparés dès l'ouverture de la guerre, ce qui prend vingt-cinq à trente mille hommes. Il en reste quarante mille pour renforcer les points où l'attaquant se porterait. A l'exemple du camp de Lisbonne, c'est plus qu'il n'en

faut pour déjouer les efforts du plus gros détachement
que puisse faire l'armée d'invasion, sans courir le risque
de s'affaiblir outre mesure, de perdre ses communications, et de se faire battre par l'armée défensive.
Cependant celle-ci, qui ne doit perdre, dans aucun
cas, sa ligne d'opérations sur Paris, reste toujours
maîtresse, à la faveur des lignes de défense latérales
qui convergent sur ce point, telles que la Marne,
la Seine et leurs affluents, d'y revenir promptement,
si l'ennemi tentait sur la capitale une entreprise plus
sérieuse.

Ainsi donc, dans l'une et dans l'autre supposition,
c'est à l'armée, à la milice mobile, à la garde sédentaire, chacune dans son rôle spécial et distinct, que
la défense de Paris est confiée. Chacun de ces éléments de force reçoit des fortifications le genre d'appui qui convient à sa constitution, à ses devoirs.
La nation entière peut se ranger sous le drapeau. Que
faut-il de plus pour être tranquille sur le sort de
Paris ?

Voyons maintenant l'organisation de la défense,
dans la supposition d'une enceinte continue. Et d'a-
bord, qu'on se représente notre armée, défaite et en
désordre, réduite à se renfermer dans cette enceinte,
pêle-mêle avec une population de 800 mille habitants,
appelés à subir tous les périls d'un siége. Espère-t-on
que journellement témoin de l'effroi des uns, du dé-
couragement des autres, en butte aux erreurs de la turbulence, aux pratiques de la trahison, le soldat puisse

retrouver, dans la défense inerte des remparts, la même trempe que dans les positions du camp retranché? Non; son moral, affaibli par les revers, s'affaiblira plus encore. L'ennemi, au contraire, simplement arrêté par une muraille, conserve toute la supériorité morale de l'attaque. Répandu autour de l'enceinte, il en maîtrise toutes les issues. Il bloque, il bombarde Paris, et dispose imperturbablement ses moyens d'ouvrir des brèches. Chaque jour le rapproche de ce terme assuré de son agression.

Mais avant de se renfermer dans l'enceinte de Paris, les forces mobiles essaieront de tenir dans les positions extérieures, qu'on aura fortifiées par des ouvrages de campagne. Alors, elles ne recevront de la fortification permanente de l'enceinte aucun appui spécial. Celle-ci se bornera, comme une simple enceinte de sûreté, à leur servir de réduit, et à couvrir la population de Paris contre des corps aventureux. Cependant les positions avancées seront beaucoup moins fortes que dans l'autre système, puisqu'elles seront dénuées de ces points d'appui inébranlables, que peuvent seuls procurer des ouvrages permanents en maçonnerie. Elles seront défendues avec moins de succès, et l'armée sera plus facilement refoulée sur l'enceinte elle-même, ce qui amènera encore le siége et le bombardement de la ville.

Il faudrait, pour avoir la certitude d'éloigner ces malheurs, joindre à l'enceinte continue, non-seulement des ouvrages de campagne, mais des forts en maçonnerie, semblables à ceux de l'autre système, et

disposés de manière à soutenir les positions, à saisir
invariablement les pivots de manœuvre, à tenir à distance les batteries incendiaires ; c'est-à-dire qu'il faudrait la réunion des deux systèmes ; appareil gigan-
tesque, et que la France n'est pas réduite à désirer.
Ne suffit-il pas en effet, comme il en sera par l'éta-
blissement du camp retranché, que les positions
extérieures soient très-fortes, que leur perte ne con-
duise encore l'ennemi qu'au siége des forts avancés,
et que l'intérieur de Paris, couvert par l'enceinte de
sûreté, reste à l'abri de toute atteinte, jusqu'après la
chute des forts, qui elle-même suppose la dispersion
de l'armée active ?

Que si, après des revers multipliés, soit aux frontières ou sous Paris même, l'armée défensive s'éloigne
de Paris, en s'efforçant de transporter ailleurs l'in-
tensité de la défense nationale, et laissant Paris,
comme une place ordinaire, subir les conséquences
de son isolement ; il est vraisemblable que le siége et
le bombardement immédiats de Paris, tels que les
permettrait une enceinte continue, auraient des résultats plus étendus, plus funestes, qu'à Lille, à
Valenciennes, à Metz, etc. Ce serait donc encore une
nécessité qu'il existât un système de forts extérieurs
bien constitué, afin de rendre moins subits, moins
désastreux, les effets sur Paris même et sur la France,
de l'éloignement de l'armée. Enfin, cette diversion
considérée en elle-même, comme base du système de
défense en général, serait-elle une heureuse con-

ception militaire? hasardons sur ce point quelques réflexions.

Ou l'armée défensive est beaucoup plus faible que l'armée envahissante : alors, en s'éloignant de Paris, du point où affluent tous les renforts, toutes les ressources, où siége le pouvoir central, et le foyer de toute énergie nationale, elle s'affaiblit elle-même davantage, et court presque à une perte certaine, sans d'ailleurs empêcher l'ennemi de porter une masse imposante sur Paris, et de s'en rendre maître.

Ou bien, l'armée n'est pas très-inférieure à l'ennemi : alors sa diversion aura pour effet de prolonger la guerre, tout en laissant des inquiétudes sur l'éventualité d'un bombardement de Paris ; tandis que son reploiement sur la capitale et sur ses renforts la mettrait probablement en mesure de reprendre l'offensive et de repousser promptement l'invasion.

Ce genre de guerre défensive, comme l'a dit Napoléon, aurait les inconvénients attachés à une dissémination de forces, il exigerait une bonne armée, de bons généraux, un bon chef. Or, avec ces éléments, qui seraient renforcés de la puissance physique et morale de Paris, on ne voit pas ce qui porterait à refuser une bataille sous les murs de la capitale, dans des positions solidement fortifiées, et sans issue immédiatement décisive, pour préférer un système d'isolement dans lequel l'armée serait chaque jour commise en rase campagne, loin d'appuis matériels, loin de l'impulsion nationale, ne pouvant réparer ses pertes qu'avec peine, et au milieu de difficultés, inconnues sous Paris, pour la solde, les vivres, l'habillement et les besoins immenses d'une armée.

Par cette combinaison on jouerait, en quelque sorte, les destinées du pays, en négligeant les bonnes chances; ses résultats vraisemblables, sinon simultanés, au moins successifs, seraient la désorganisation, l'anéantissement de l'armée, et la capitulation de Paris, dictée par l'étranger dans l'absence de tout contre-poids. O abîme d'infortunes!

Telle est cependant la combinaison qui donnerait au système d'une enceinte continue ses principales propriétés militaires, abstraction faite du bombardement et de l'isolement politique de Paris. En pénétrant ainsi dans ses conséquences, on en vient à douter s'il ne serait pas préférable de renfermer l'armée dans Paris même, et de s'y défendre à outrance, malgré les calamités qui en résulteraient pour la population; si, en un mot, telle n'est pas en dernière analyse la base rationnelle du système.

N'appelons pas sur la population de la capitale une aussi dure extrémité, qu'elle saurait, l'histoire le prouve, dignement accepter, mais qui sera conjurée par les chances naturelles de la guerre, à l'aide seule du camp retranché.

Page 11. Qu'on ne vienne pas dire que les colonnes ennemies ne franchiraient pas les intervalles, etc.

On parle des intervalles entre les forts, comme s'ils ne devaient pas offrir, pour une défense, même pas-

sive, des ressources puissantes, des redoutes, des batteries, des maisons crénelées, des abattis et, sur quelques points, des fossés pleins d'eau. Comment l'ennemi abordera-t-il ces retranchements, que les forts
empêchent invinciblement de tourner. S'il s'avance
en colonne, afin de se tenir le plus loin possible du
canon des forts, il est criblé par les feux convergents
des ouvrages de front; s'il se développe en ligne, il
tombe à portée de mitraille des forts, qui le prennent
en flanc et en queue. L'histoire des guerres est pleine
d'exemples de positions moins fortes, qui ont bravé
des attaques vigoureuses. Et le pourtour entier du
camp retranché ne laisse que cinq intervalles de ce
genre sur chaque rive de la Seine. Ce ne serait donc
que cinq au plus à défendre à la fois; car l'ennemi
n'agirait pas dans son intérêt, s'il divisait son attaque
sur les deux rives à la fois. Comment douter du
succès! L'exemple que l'on cite de Schweidnitz ne
paraît pas concluant en faveur de l'enceinte continue;
car il semble que si Landon a pu escalader les forts sur
tous leurs fronts, il eût pu escalader aussi une enceinte
sans chemins couverts, sans contrescarpes, sans dehors. A Badajos, si l'armée espagnole, surprise dans
une position qui rayonnait sur la place, eût eu sa
droite reliée au fort San-Cristoval par des ouvrages,
afin d'éclairer le terrain qui n'était point vu du fort,
le maréchal français et l'héroïque 100ᵉ de ligne ne
l'eussent probablement pas attaquée avec succès de
ce côté.

PAGE 13. On reproche à une enceinte de ne pas mettre
Paris à l'abri du bombardement, etc.

Les raisonnements que l'on peut faire sur les difficultés qu'éprouverait l'ennemi à transporter des bombes devant Paris, sur l'espèce et la quantité de bouches à feu que les armées traînent habituellement à leur suite, ne paraissent pas de nature à rassurer suffisamment sur ce défaut de l'enceinte continue, de ne pas mettre l'intérieur de Paris à l'abri du bombardement. À cet égard, nous pensons comme Vauban, qui, surtout afin de remplir cette impérieuse condition, plaçait une seconde enceinte à 1000 ou 1200 toises en avant de la première.

On remarque, il est vrai, que les obus et les fusées à la Congrève ne pourraient pas atteindre l'ancien Paris, les quartiers riches, ceux qui renferment les monuments. Sans discuter sur la portée de ces projectiles, n'oublions point les quartiers pauvres, qui sont aussi les plus populeux. Faisons en sorte que les milliers de citoyens des faubourgs, alors qu'ils se lèveront contre l'agression étrangère, soient tranquilles sur le sort de leurs femmes et de leurs enfants. Et pour cela, jetons des forts jusqu'à 2000 mètres du mur d'octroi, afin que les bombes de l'ennemi ne puissent pas même alarmer les plus humbles masures de Paris.

PAGE 15. Nous avons fait voir que si Paris avait une
enceinte, etc.

Dans le système du camp retranché et de ses forts

permanents, non moins que dans celui de l'enceinte continue, on ne peut admettre que l'ennemi se rende maître de la capitale, sans être obligé aux longueurs d'un siége régulier. Supposé, en effet, qu'il parvînt à forcer les intervalles des forts, ce qu'il ne saurait faire sans des pertes considérables, il resterait encore sans communication du dehors au dedans, puisque les avenues seraient battues par le canon des forts, et incessamment en butte aux attaques latérales, qui se feraient sous leur appui. Une tête de colonne, qui ferait une pointe jusqu'à l'enceinte de sûreté, aura-t-elle l'audace de pénétrer dans Paris? Le peuple des barricades la voyant isolée, sans suite, sans appui, en fera bientôt justice. Mais le gros de l'armée, avec son artillerie, ses munitions, ne pourra se maintenir au-delà des forts qu'après en avoir pris quelques-uns (1). Or, toutes choses égales d'ailleurs, la résistance de chacun de ces forts pentagonaux, avec escarpes et contrescarpes revêtues, précédés d'une enveloppe donnant des feux d'artillerie et de mousqueterie, serait probablement aussi longue que celle d'une enceinte continue, sans dehors, sans contrescarpes, sans chemins couverts, par conséquent défavorable aux retours offensifs importants, devant laquelle on pourrait, dès le premier jour, établir des batteries

---

(1) Des places considérables, dit Napoléon, ont un certain nombre de positions dominantes, sans la possession desquelles il est impossible de se hasarder à entrer dans la ville. (Mémoires d'O'Méara, page 44.)

très-rapprochées, à la faveur des couverts formés par les maisons.

Imaginons, en outre, quelle énergie extraordinaire animerait, dans un fort, quoique petit, mais bien casematé, une garnison d'un millier d'hommes, imparfaitement cernée, secondée par les retours offensifs d'une armée entière, journellement rafraîchie de munitions, entretenue d'hommes d'élite, et cela, sur un théâtre qui fixe les regards et l'espoir de la patrie. Comparons cette énergie avec le désordre, la mollesse qui naîtront, dans la défense de l'enceinte, d'une confusion inévitable et de l'inflexible perspective d'une prochaine reddition. Considérons enfin, qu'aussi long-temps que le drapeau national flottera sur un seul des forts de Paris, ce sera pour l'armée un point d'appui, pour la nation encore une ancre de salut; que l'étranger, par conséquent, ne sera possesseur assuré de la capitale qu'autant qu'il aura pris tous les forts; et l'on conviendra qu'un tel dispositif, après avoir fourni à la défense active tout son développement, doit encore prolonger beaucoup la défense passive, et conserver à la nation la faculté de reprendre à chaque instant l'offensive. L'enceinte continue, au contraire, fixerait d'avance, au moins moralement, l'instant de la capitulation, et nous enchaînerait sans retour à cette lugubre pensée! Ah! gardons les inductions théoriques de l'art des siéges pour ces places purement militaires, qui ont un rôle limité, une valeur définie dans les opérations de la guerre, comme une pièce dans une partie d'échecs. Mais évitons, en fortifiant Paris, de nous familiariser jamais avec l'idée de les lui appliquer. Paris, en effet, est d'une valeur stratégique incommensurable; ce n'est point une place, c'est le cœur de la France!..

PAGE 16. Conclusion sous le point de vue militaire.

Les observations qui précèdent feront sans doute reconnaître que l'objet qu'on doit se proposer en fortifiant Paris, n'est pas aussi simple qu'on aurait pu le présumer au premier abord; qu'il se complique d'une foule de considérations sur notre constitution sociale. et sur la défense générale du pays; et qu'en cherchant à tenir compte de l'ensemble des moyens de cette défense, on est amené à désirer sous Paris la préparation d'un vaste camp retranché, basé sur une ceinture éloignée de forts permanents, et sur une enceinte de sûreté. On trouve que ce système prête à l'action simultanée des soldats et des citoyens un appui efficace, sans d'ailleurs interdire à l'armée défensive les manœuvres éventuelles qu'elle pourrait tenter sur les flancs de l'ennemi; qu'il rassure Paris, au moyen de l'enceinte de sûreté, contre toute entreprise audacieuse; qu'il n'en livre point l'entrée immédiatement après la perte d'une bataille; mais qu'il donne au contraire pour repousser les derniers efforts de l'ennemi des chances non contestables de supériorité, et maintient, en cas de revers, l'occupation de plusieurs positions, que l'ennemi ne saurait franchir qu'après le siége des forts; que ces derniers, enfin,

tiennent constamment les batteries incendiaires hors
de portée de la ville.

Le système d'une enceinte continue ne jouit pas
des mêmes avantages. Conçu principalement dans une
combinaison de guerre défensive, dans laquelle Paris
reste isolé de l'armée, il ne tient pas assez compte
des conséquences de cet isolement, et pour l'armée
et pour Paris lui-même; il ne met point l'intérieur
de la ville à l'abri des projectiles incendiaires; il livre
immédiatement à l'ennemi toutes les positions extérieures, et lui permet ainsi d'interrompre facilement
les communications. Enfin, ce système ne pourrait
se coordonner avec ce principe, que Paris est un
centre permanent de force et d'action nationale, que
là, par conséquent, est l'ame de la défense du pays,
sans que l'on construîsit autour de l'enceinte un grand
nombre de forts avancés, analogues à ceux du système
du camp retranché; ce qui serait alors la réunion
des deux systèmes. Ce double appareil sans doute
serait complétement invulnérable ; mais le système
du camp retranché seul doit paraître suffisant.

PAGE 16. Dépense.

Le système complet du camp retranché exigera,
d'après les états estimatifs qui ont été dressés avec détails, une dépense de 35 millions (1). Dans cette esti-

	fr.
(1) 12 forts et 3 redoutes	25,510,000.
Achat de terrains pour *idem*	2,400,000.
Enceinte de sûreté à organiser...........	2,090,000.
Fortifier le mont Valérien ,...............	2,000,000.
Achever Saint-Denis......................	3,000,000.
	Total 35,000,000.

mation, le prix de la maçonnerie est porté à 18 fr. par mètre cube pour les forts éloignés des carrières, et à 15 fr. 5o c. pour ceux à construire sur le lieu même d'extraction de la pierre, comme à Charenton, Montrouge, Passy. L'estimation présentée pour l'enceinte est de 46 millions, en admettant le prix uniforme de 12 fr. par mètre cube de maçonnerie. Ce dernier prix est comparativement trop faible, puisqu'on porte 15 fr. 5o c. pour les forts situés près des carrières. Il est donc nécessaire, afin d'asseoir les deux estimations sur les mêmes bases, d'admettre au moins le prix de 15 fr. 5o c. pour tous les points de l'enceinte continue. On trouve alors qu'elle coûtera 52 millions (1); par conséquent 17 millions de plus que les forts.

On fait observer, comme moyen d'atténuer, pour l'État, la dépense d'une enceinte continue, que l'octroi de Paris devant être reculé, dans ce système, jusqu'au-delà des faubourgs extérieurs actuels, il soumettrait à ses tarifs 5o mille habitants de plus, et en outre toute la consommation qui se fait aux

---

(1) Estimation de l'enceinte :　　　　　　　　　　　　fr.

Terrassements à 2 fr. le mètre cube........ 9,666,000.
Maçonnerie (1,790,000 m. cubes, à 15 fr. 5o c.) 27,745,000.
Acquisition de terrains (602,5 hectares, à 14,000 fr. terme moyen)............... 8,435,000.
Quarante portes..................... 4,600,000.
Quarante corps-de-garde............. 640,000.
Quatorze magasins à poudre........... 1,092,000.

Total 52,178,000.

barrières actuelles, par la population des faubourgs intérieurs. Le trésor recevrait le dixième de cet accroissement de revenus de la ville de Paris ; et comme il serait légitime de l'affecter à la construction de l'enceinte, à laquelle il serait dû, il resterait peu de chose, dit-on, à payer par l'État.

Cette ressource spéciale à l'enceinte continue ne saurait être admise. On doit présumer, en effet, qu'un déplacement quelconque de l'octroi de Paris entraînerait aussi le déplacement des industries qui s'exercent à sa limite ; que la population des faubourgs extérieurs, au lieu d'être enlacée dans une contribution nouvelle, porterait en grande partie ses foyers au-delà de la nouvelle enceinte ; que le peuple des faubourgs intérieurs, qui a besoin, les jours de fête, de chercher des récréations à la mesure de sa bourse, irait les chercher un peu plus loin ; que le fisc enfin serait frustré dans son espoir. Et, n'en fût-il pas ainsi, pourrait-il convenir de prélever la dépense des fortifications de Paris sur un impôt qui frapperait ses habitants les moins aisés ? Notre sympathie pour la population des faubourgs, pour ces hommes voués incessamment à la production, au labeur, ne saurait accueillir cette pensée. Confiants, si notre indépendance était menacée, dans le généreux élan de ces citoyens, comme aux jours où nos institutions l'ont été, bien loin d'appesantir sur eux les charges publiques, nous appelons de nos vœux le moment de les alléger. Et quant à l'œuvre éminemment national de fortifier Paris, il n'est pas de Français qui ne fût jaloux d'y contribuer.

Page. 19. Servitudes.

On sait que les places fortes ordinaires exercent sur les terrains situés autour de leurs fortifications, des *servitudes défensives*, d'une gravité variable suivant les localités, et qui sont déterminées spécialement par les lois du 10 juillet 1791 et du 17 juillet 1819.

Dans le système d'une enceinte continue, il y aurait nécessité d'admettre l'exercice des servitudes, au moins dans la première zone légale, qui s'étend jusqu'à 250 mètres : cela comprendrait une superficie de 916 hectares.

Dans le système du camp retranché, la même zone, en la supposant appliquée à chacun des forts permanents, ne comprendrait, pour la totalité, que 410 hectares. La servitude serait donc, à localité semblable, de moitié moins grave. Mais comme les forts occuperont en général des positions éloignées de la ville, et peu recherchées des bâtisses, tandis que plusieurs branches de commerce réclameraient avec instance de s'approcher le plus possible de l'enceinte qui formerait la nouvelle limite de l'octroi, on comprend que dans ce dernier système, les servitudes pèseraient beaucoup plus sur la propriété et sur l'industrie que dans le système du camp retranché.

On objecte, il est vrai, qu'afin de laisser au canon des forts son libre jeu, les servitudes devraient frapper la zone entière comprise dans l'intervalle même des forts. Mais on ne doit pas oublier qu'au moment de

la guerre, ces intervalles sont destinés à être retranchés; que par conséquent, fussent-ils encombrés de
maisons, on n'y trouverait encore qu'un avantage,
celui de les rendre facilement inexpugnables de front,
alors déja que les forts empêcheront invinciblement
de les tourner. Cette considération permettrait même
d'étendre considérablement, à l'égard des forts, les
tolérances autorisées par la loi avec moins d'inconvénients qu'à l'égard de l'enceinte.

Un mot relativement à l'étendue des terrains à oc-
cuper par les ouvrages mêmes de fortification, abstraction faite des frais d'acquisition. C'est un des reproches
que l'économie productive adresse à l'art de la fortification, que de soustraire à l'agriculture, à la porte
même des habitations, des superficies immenses de
terrains. Elle nous dit que la question essentielle,
pour le pays, n'est pas que des indemnités équitables
soient allouées aux propriétaires dépossédés; car ces
indemnités, c'est le pays lui-même qui les paie : elles
n'augmentent ni ne diminuent son capital social. Mais
ce qui réduit effectivement le capital du pays, c'est de
vouer à la stérilité, pour y ériger des masses iner-
tes, des champs jusqu'alors fertiles, et de la plus
facile exploitation. A ce grief, on ne peut opposer que
la nécessité, la condition suprême de la défense.
Néanmoins, est-ce une loi pour l'ingénieur d'atténuer
autant que possible sa gravité. Les forts du camp
retranché ont encore, à cet égard, l'avantage sur l'enceinte continue; car ils couvriront en totalité moins
de 200 hectares, sur le territoire de la banlieue, tandis

que l'enceinte en exigerait 600, sur le cordon même des barrières de la ville.

Page 20. Une condition essentielle imposée aux fortifications, etc.

Les ressources financières spéciales, sur lesquelles on compte pour la construction de l'enceinte continue, ne pouvant être admises, il en est de même du privilége qu'on lui attribue, devant coûter cinquante-deux millions, de pouvoir être construite avec plus de célérité que le dispositif des forts, qui ne coûtera que trente-cinq millions. Il n'est pas moins contestable que ces forts ne puissent rendre aucun service, avant que le système complet en soit exécuté. Voici quelques remarques à cet égard.

Trois théâtres de guerre distincts se présentent sous Paris. Le premier, celui qu'aborde directement l'ennemi, soit qu'il arrive du nord ou de l'est, et par conséquent le plus urgent à fortifier, s'étend de Nogent à Saint-Denis. Il doit comprendre six forts permanents (1). Que ces forts soient construits; qu'au moment de la guerre, on organise la défense passagère de Saint-Denis, d'Aubervilliers, du Canal, du plateau de Romainville, et des intervalles des forts, ainsi que de Montmartre; certes, au lieu d'attaquer ces positions devenues aussi formidables,

---

(1) Charenton, Vincennes (déja existant), Lépine, les Tourelles, Saint-Chaumont, La Villette.

l'ennemi préférera se porter sur l'un des deux autres théâtres. Ce sera un grand résultat d'obtenu. Car pour agir sur le deuxième théâtre, celui sur la rive gauche de la Seine, l'ennemi sera obligé au double passage de la Marne et de la Seine, opération diffi- cile, en présence de notre armée qui, maîtresse de la tête de pont de Charenton, pourra se porter à volonté sur les deux rives des deux rivières, l'atta- quer par le flanc, en tête ou en queue. Et si ce nou- veau théâtre est lui-même pourvu des cinq forts qui y sont projetés, l'ennemi sera contraint d'accepter le troisième théâtre de guerre, celui du Mont-Valérien et de Neuilly. Or il ne pourra se porter sur ces points que par un grand mouvement de flanc, et par deux passages consécutifs de la Seine, c'est-à-dire par des manœuvres périlleuses, qui le menaceront d'une ruine radicale, en cas d'échec. On voit donc, que dans le système du camp retranché, à mesure des dépenses successives, surgiront aussi des résultats défensifs importants. Il est d'ailleurs d'une administration bien entendue, de ne procéder que graduellement dans l'exécution de cette vaste entreprise. Aussi, doit-on applaudir au dessein qui a été annoncé à la Chambre des députés par le savant ingénieur chargé de la direction supérieure des travaux, de ne les ter- miner qu'en huit ans; trois ans pour le premier théâtre de guerre, trois ans pour le second; deux ans pour le troisième. Quant à l'enceinte de sûreté, l'ar- rangement pourrait sans doute en être remis, sans inconvénient, à la dernière période.

PAGE 22 et suivantes. Gêne de la population, police,
trahison, etc.

Nous n'insisterons point, afin d'abréger, sur les
incommodités journalières que la construction d'une
enceinte continue, et par suite le reculement consi-
dérable des limites actuelles de l'octroi, introduirait,
en temps de paix, dans les usages des habitants de
Paris, et surtout de ceux des faubourgs. Il est probable que si cette gêne était nécessaire, le patriotisme de ces citoyens l'accepterait avec empressement.
Toutefois il est bon de remarquer que le système
du camp retranché ne réclame aucun sacrifice de ce
genre. Il en sera de ce système à Paris comme à Lyon,
où les habitants savent à peine sur quels points on y
construit, depuis deux ans, un système de fortification analogue. La banlieue seule s'apercevra de
l'existence des forts, à la présence de quelques vé-
térans commis à leur conservation.

PAGE 26. Nous terminerons ces considérations en
recherchant, etc.

On objecte au système du camp retranché, que
l'étranger, supposé maître de Paris, mettra des gar-
nisons dans les forts permanents, et se servira de ces
points d'appui pour consolider et perpétuer sa domi-
nation. Nous pouvons répondre que tous les moyens
de défense d'un pays ont un inconvénient de ce genre.
S'ils viennent à tomber au pouvoir de l'ennemi, ils

3.

se tournent en instruments d'attaque ou d'oppression. Faudrait-il n'avoir plus ni armes, ni arsenaux, ni magasins de munitions, ni places fortes, de peur qu'ils servissent contre nous-mêmes, après que nous les aurions vainement défendus. Les forts du camp retranché de Paris joueront leur rôle dans la défense; et si l'on craint qu'ils soient utiles à l'étranger, on les fera sauter en les abandonnant; ce qui sera bien aisé, vu leur petitesse et la quantité de poudres qui y sera toujours déposée. D'ailleurs on pourrait discuter si ces petits forts, la plupart à environ une demi-lieue de la ville, pourraient servir autant à l'ennemi pour maîtriser la capitale, et par conséquent tout le pays, que l'enceinte continue elle-même, dont il fermerait les bastions, dont il séparerait les montagnes de Belleville et de Montmartre, pour y faire deux fortes citadelles. Mais ne nous arrêtons pas à sonder les conséquences d'une infortune que tous nos efforts doivent tendre à prévenir.

Nous terminerons ces remarques par l'examen d'une objection, que la presse quotidienne a vivement élevée devant l'opinion publique, contre le système du camp retranché et des forts permanents destinés à lui servir de base. On a dit que ces forts, dans les mains du pouvoir, lui donneront un moyen d'action sur la population de Paris, susceptible de comprimer l'essor de nos libertés publiques, de faire rétrograder nos

institutions. Certes! si ces alarmes étaient fondées,
c'en serait assez pour proscrire à jamais ce système
de fortification; car nos libertés, nos institutions sont
notre bien le plus cher, celui qui nous garantit tous
les autres, indépendance, civilisation, bien-être. La
combinaison machiavélique, qui, sous l'apparence de
points d'appui, n'érigerait pour elle que des donjons
menaçants, mériterait justement d'être flétrie. Heu-
reusement il n'en saurait être ainsi. D'abord il est
manifeste que les forts devant être, afin que l'ennemi
ne puisse bombarder Paris, portés à une grande distance de l'enceinte, ils n'auront aucune espèce d'influence sur les agitations intérieures de la capitale. La
plus faible émeute pourra se rire impunément de leur
lointaine présence. Dans le cas d'un soulèvement général de la population de Paris, ils seront également
sans influence sur des démêlés qui se passeront nécessairement à l'intérieur. Il ne reste donc qu'une seule
objection plausible, c'est que les forts, étant placés
de manière à maîtriser les principales communications sur Paris, ils pourront servir à affamer la population. D'abord, Paris ne saurait être subitement
affamé, car à un instant quelconque, il y existe, par
les soins de son administration et de son commerce,
un approvisionnement de denrées de tout genre pour
au moins plusieurs semaines. Il faudrait donc que le
pouvoir persistât tout ce temps dans ses hostilités
actives contre la population de Paris, ce qu'il est difficile d'admettre. Il faudrait de plus, que la garnison
des forts persistât plus long-temps encore à tirer per-

pétuellement le canon contre les pourvoyeurs de la
capitale. Et comme les intervalles entre ces forts res-
teraient néanmoins franchissables, s'ils n'étaient eux-
mêmes entièrement occupés, il faudrait les garder tous
par des retranchements et par des troupes. Ce devrait
donc être le même dispositif que nous avons décrit
contre l'étranger, avec cette différence, qu'il serait nécessaire de faire face à la fois au dedans et au dehors.
Or sur quelles troupes, en quelque sorte innombrables,
le pouvoir compterait-il pour donner de l'ame à ce
dispositif? Sans doute on n'entend pas qu'elles fussent
composées de la garde nationale sédentaire, ni de la
garde nationale mobile; car la scission supposée
entre le pouvoir et la population de Paris, et par
conséquent aussi l'opinion publique, le mettrait en
hostilité avec ces deux parties de la force nationale.
Entendrait-on que ce fût l'armée proprement dite,
l'armée soldée? mais cette armée n'est-elle pas nationale? n'est-ce pas, d'après son mode de recrutement,
l'élite de la jeunesse française qui figure dans ses
rangs? quel citoyen n'y compte pas un frère, un pa-
rent, un ami, des souvenirs? et l'on craindrait qu'elle
appuyât, en masse, un pouvoir tyrannique, anti-na-
tional, contre la vindicte générale! Cette crainte ne
doit paraître que chimérique, à quiconque a une simple
notion de notre institution militaire, l'une des plus pré-
cieuses qui soit née de notre grande révolution. C'est
ainsi que la question de la susceptibilité de nos libertés
publiques envers les forts du camp retranché se ré-
sout nécessairement en une question d'hostilité per-

sévérante de l'armée entière, non seulement contre la population de Paris, mais contre tous les citoyens, qui arboreront le même drapeau. Notre histoire n'autorise la prévision d'aucun sinistre de cette nature; et dans tous les cas, cela ne saurait arriver sans signes précurseurs. L'altération du mode de recrutement, de l'organisation, de l'avancement de l'armée, l'appel dans la capitale, contrairement à notre loi fondamentale, de légions étrangères, la dilapidation en leur faveur des trésors de l'état, par conséquent un mépris complet de nos institutions, seraient des préliminaires indispensables, qui donneraient suffisamment l'éveil à la nation, pour expulser un pouvoir follement aveuglé.

On cite la citadelle d'Anvers, et les effets de son occupation par les Hollandais, à l'égard de cette ville. Mais on ne saurait établir de parité entre une forte *citadelle* contiguë à la ville même, gardée par des troupes d'une nation ennemie, et des forts à une demi-lieue de Paris, confiés à des Français.

Ainsi donc, bannissons toute alarme, toute susceptibilité pour nos libertés; ne voyons dans les forts permanents destinés à appuyer le camp retranché sous Paris, qu'un moyen efficace de seconder l'action de la population entière contre l'attaque étrangère; reconnaissons qu'il serait insensé d'espérer de s'en servir contre cette population elle-même, et que le système de fortification qu'ils constituent, atteste, au contraire, une conviction éclairée que le concours des masses est le plus ferme appui de notre indépendance nationale, comme leurs vœux forment le pre-

mier mobile des perfectionnements progressifs de
notre état social.

PAGE 27.—CONCLUSION.

L'examen qui précède nous a enseigné, que des deux
systèmes proposés pour fortifier Paris, celui d'un
camp retranché basé sur un disposif de forts permanents, et celui d'une enceinte continue autour de la
ville, le premier paraît satisfaire aux principes énoncés
par Vauban et par Napoléon; qu'il a été préféré, con-
tradictoirement avec l'enceinte continue, par les réu-
nions d'officiers-généraux, qui ont été officiellement
consultées sur ce point; qu'en effet, on doit lui reconnaître plusieurs motifs de supériorité, tels que : de
mettre la ville à l'abri des projectiles incendiaires de
l'ennemi; de provoquer et favoriser une défense active, à l'ensemble de laquelle concourent, suivant
leurs constitutions respectives, l'armée, la garde nationale mobile et la garde nationale sédentaire; de
faire succéder à la défense active une défense passive,
laquelle peut être prolongée aussi long-temps qu'il
reste des forts donnant des facilités pour reprendre
l'offensive; de permettre toutefois, comme une enceinte continue, sans péril pour la capitale, les mou-
vements que l'armée défensive pourrait faire sur les
flancs de l'armée envahissante; de ne coûter que
35 millions, au lieu que l'enceinte en coûterait 52 ;
de procurer, à mesure de la dépense successive, des
résultats défensifs importants; de n'apporter aucun

trouble dans le régime de l'octroi, ni dans les inté-
rêts de la population des faubourgs de Paris; de ne
soumettre aux servitudes défensives, si toutefois ces
servitudes sont nécessaires, que des parties de territoire de la banlieue, et cela, sur une superficie moitié seulement de celle que frapperait l'enceinte continue,
tangentiellement à la ville même. Enfin nous avons
reconnu que les objections élevées contre les forts
permanents du camp retranché, savoir, de porter
ombrage au développement de nos libertés publiques,
et d'offrir à l'étranger vainqueur des instruments d'oppression, s'évanouissaient devant un examen sérieux.

Par conséquent, nous sommes en droit de conclure
que dans l'état de la discussion, tel qu'il résulte de
l'examen de l'article inséré au *Spectateur militaire*
(85ᵉ livraison), et dans lequel d'ailleurs paraissent réu-
nis tous les motifs qui pourraient militer en faveur du
système d'une enceinte continue, la préférence cependant reste acquise au système du camp retranché.

L'examen précédent, entrepris sous l'impression de plusieurs
doutes, et qui ne les a que peu à peu dissipés, réclame une grande
indulgence pour les défauts qui s'y rencontrent. Nous eussions
désiré pouvoir le retoucher à loisir, et surtout en modifier la
rédaction, qui se ressent trop d'un travail rapide. Mais le temps
nous presse; la question, déja présentée depuis long-temps à l'o-
pinion, peut être décidée sous peu de jours par la législature.

Qu'il nous suffise donc de protester de notre intention, qui n'a pu être que d'apporter un faible tribut dans une discussion non moins intéressante pour le patriotisme que pour la science; et d'ailleurs, qu'on nous permette de déposer ici la profonde expression du respect que nous tenons à devoir de professer envers le talent, les services, le rang des personnes qui ont cherché, d'après leurs convictions, à faire prévaloir le système de fortification auquel cet examen a attribué l'infériorité.

Paris, le 25 avril 1833.

Le capitaine du génie

VILLENEUVE.

www.ingramcontent.com/pod-product-compliance
Lightning Source LLC
Chambersburg PA
CBHW061258050726
47594CB00004B/1529